NOVA MANEIRA DE VOTAR

Para retirar um País da má governação
e da miséria que lhe está associada!

Cid Adão

Copyright © 2015,

Cid Adão,

ISBN: 978-153-0685-40-0

Adão, Cid

NOVA MANEIRA DE VOTAR

Para retirar um País da má governação

e da miséria que lhe está associada!

(Escrito sem seguir o "Novo Acordo Ortográfico de 1990")

DEDICO ESTE LIVRO A TODOS E TODAS

que seriamente se esforçam

por desenvolver a Civilização!

ÍNDICE

PREFÁCIO

MODO SIMPLES E PRÁTICO PARA SALVAR, FAZER EVOLUIR E DESENVOLVER UM PAÍS OU QUALQUER ORGANIZAÇÃO "DEMOCRÁTICOS" MESMO SE ATOLADOS NA MEDIOCRIDADE POLÍTICA!

"O mundo é um lugar perigoso para se viver, não por causa daqueles que fazem o mal, mas sim por causa daqueles que observam, e deixam o mal acontecer, sem fazer nada".

Albert Einstein

EXISTE ALGUMA "CRISE" QUE NÃO SEJA SIMPLESMENTE A IDIOTICE DE UM POVO QUE ESCOLHE MAL OS SEUS GOVERNANTES?

Dizer mal, deitar abaixo e desanimar, é muito fácil, mas não faz evoluir. Sair da mediocridade, é mais difícil, mas pode ser feito e muitas vezes por meio de algo tão simples como ir votar!

É um direito e um dever do Cidadão, votar num partido que tenha escolhido para governantes pessoas competentes e honestas, as únicas que podem fazer avançar um País!

Mas podem aparecer na cabeça das pessoas umas ideias assassinas:

A 1ª ideia assassina: Não vale a pena votar pois são todos iguais.

A 2ª ideia assassina: Sempre votei neste partido não é agora que vou mudar.

Como ultrapassar as ideias assassinas: Se o actual partido na governação for bom, pois desenvolveu o País e cuidou dos cidadãos, tornar a votar nele! Se o actual partido na governação não presta é necessário que a quase totalidade da população do País vote noutro partido, mas *vote sabiamente*, de modo a obrigar o actual partido governante a desaparecer da cena política!

Como fazer: O livro apresenta o método simples e prático, que é resumido na figura da contra capa que ilustra o processo com um quadro de resumo geral!!!

Qualquer pessoa minimamente inteligente verifica que a Humanidade não está a aproveitar as grandes possibilidades que o desenvolvimento da tecnologia permite, para fazer avançar a Civilização. Pelo contrário, a mediocridade espalhou-se por todo o planeta, e parece que tudo se está afundar, desde a destruição do ambiente físico até às relações entre as pessoas. A única coisa que passou a contar é ter um "número" cada vez maior na sua conta situada no computador do banco! Assim, há alguma admiração pelo aparecimento de "crises"?

A maior desgraça que pode acontecer a um País é o seu povo deixar de ser constituído maioritariamente por pessoas pensantes e actuantes, para passar a comportar-se como um bando de idiotas que seguem qualquer "chico esperto" que os consegue convencer que estrume é o mesmo que ouro. Quando isto acontece, às poucas pessoas sensatas só apetece gritar: "estou rodeado de burros". Mas depois lembram-se que também elas já foram alguma vez enganadas, sem darem conta e procuram reagir positivamente, ganhando ânimo e esforçando-se por fazer avançar a Civilização.

À pergunta: Não haverá saída? Aparece a resposta: *Há! Mas há mesmo!!!* Ainda que alguns, possam propagandear que não há saída (os interessados em manter a situação), na verdade a situação pode ser mudada, para bem melhor, se a maioria das pessoas despertarem, pensarem por si e actuarem correctamente.

Este livro pretende abrir um caminho para este efeito e contribuir para o avanço da Civilização, com os benefícios que isso traz para todos (mesmo aqueles que numa situação de mediocridade julgam que lucram com as águas turvas, ficam a ganhar quando vivem num ambiente civilizado, embora eles,

4

como idiotas que são, julguem que lucram mais andando nas águas turvas).

Por exemplo, houve no passado um País que descobriu novas rotas para a Humanidade: ultrapassou o que todos julgavam ser o fim do mundo! (Relembrando o que Einstein dizia: "Algo só é impossível até que alguém duvide e o realize!")

Assim, **também agora é possível criar "novas rotas" de comportamento para escolher os governantes**: essa é a solução para sair da mediocridade e evoluir para bem melhor!

O referido País que a partir de certa altura, pelo comportamento dos seus habitantes passou a viver na miséria, pode sair da lama, recuperar o nome antigo e sentir-se orgulhoso entre os outros Países, ao mesmo tempo que a sua população pode passar a viver desafogada e despreocupa, se começar a actuar de modo a abrir novos caminhos na criação da Civilização, mantendo depois a situação civilizada que conseguiu criar. Tudo passa por colocar na governação pessoas íntegras e competentes que tratem do interesse do País! E o mesmo se pode passar com qualquer País ou organização onde os governantes são escolhidos por votação!

Pode dizer-se que tudo o que este livro apresenta vem do pensamento e experiência do autor. É da responsabilidade da inteligência do leitor se identificar situações apresentadas com situações reais que conhece. Também é da responsabilidade do leitor ajudar a criar a realidade em que pretende viver! Pode assim escolher entre uma das duas opções apresentadas resumidamente nas alíneas a) e b) seguintes:

a) Comportar-se como um acéfalo (significa sem cérebro pois não quer pensar e agir) deixando que outros pensem por si e lhe lavem o cérebro com propaganda, passando assim a ser responsável por deixar afundar um País (e consequentemente a Humanidade), confortando-se com a célebre frase que anda por aí: "Não vale a

5

pena, pois nada há a fazer. Os políticos são todos a mesma porcaria", pensamento este decorrente duma lavagem ao cérebro que lhe vão fazendo para manter o estado das coisas;

b) Começar a pensar e a agir por si próprio, de modo a passar a ser responsável e activo, sentindo depois a satisfação por ter feito o que podia para fazer avançar a Civilização, o comportamento equilibrado (o primeiro passo é ir votar conscientemente) e criar uma sociedade que seja boa para todos, colocando no poder não "porcaria", mas pessoas competentes e honestas para governarem bem!

A escolha é sua!!! e tem consequências muito importantes*!!! Nunca julgue que o seu voto é insignificante!* Dizia um sábio antigo: "se todos transportarem uma pequena pedra, no final terão mudado uma montanha de lugar!".

Pode não parecer, mas a solução está nas suas mãos!!!

Espero que as ideias deste livro possam ajudar a ver claro, e a escolher sabiamente para bem de todos!

Cid Adão

INTRODUÇÃO

PARA TER PRESENTE AO LER O LIVRO:

(e aplicar depois na altura das votações)

"Só os idiotas é que actuando do mesmo modo querem obter resultados diferentes!"

Albert Einstein

"Algo só é impossível até que alguém duvide, e o realize!"

Albert Einstein

"Limpeza puxa limpeza; porcaria puxa porcaria!"

Prof. Doutor Manuel Abreu Faro

A mediocridade atrai e promove a mediocridade; a competência atrai e promove a competência. Por aquilo que fazem, e não pelo que dizem, se destingue a que grupo pertencem as pessoas. Não é indiferente para o futuro de um País (ou organização) ser governado por qualquer um dos dois tipos de pessoas!

Adaptação do anterior

"Se não te interessas minimamente pela Política mais cedo ou mais tarde irás ser governado pelos que são menos competentes que tu!"

Platão (A.C)

Sei que pareço um ladrão,
Mas há muitos que eu conheço
Que sem parecer o que são
São aquilo que eu pareço!

Poeta António Aleixo

"O País perdeu a inteligência e a consciência moral. Os costumes estão dissolvidos, as consciências em debandada, os caracteres corrompidos.

A prática da vida tem por única direcção a conveniência. Não há princípio que não seja desmentido. Não há instituição que não seja escarnecida.

Ninguém se respeita. Não há nenhuma solidariedade entre os cidadãos. Ninguém crê na honestidade dos homens públicos.

Alguns agiotas felizes exploram. A classe média abate-se progressivamente na imbecilidade e na inércia. O povo está na miséria.

Os serviços públicos são abandonados a uma rotina dormente. (...)

O Estado é considerado na sua acção fiscal como um ladrão e tratado como um inimigo. (...)

A certeza deste rebaixamento invadiu todas as consciências.

Diz-se por toda a parte: o País está perdido!"

Eça de Queirós em 1871

A ESTRUTURA DO LIVRO

Este livro é composto de três partes:
- esta introdução, onde são apresentadas as linhas gerais do assunto do livro;
- uma entrevista ao Cid Adão, <u>onde se apresenta um modo prático e eficaz de libertar um País</u> da "mediocridade" que o está a governar, se for este o caso;
- uma proposta de longo prazo sobre como fazer com que a Civilização cresça e permaneça em qualquer País, ou organização "democráticos", <u>para que os seus habitantes vivam com o maior nível de vida possível</u> e <u>tenham gosto de viver</u>. É o sistema que designei de Aristodemocracia!

OS GOVERNANTES DO PASSADO

Sempre me interroguei porque é que, olhando para a história da Humanidade, só raramente os povos foram governados pelas pessoas mais competentes e dedicadas, mas quase sempre foram os maiores criminosos, os mais anormais, os "espertos" especialistas da mentira, ou os que pertencem à mediocridade instalada e promovida, que governaram os povos.

E mais: Os melhores membros da Humanidade, além de não serem eles a governar, foram quase sempre assassinados por aqueles a quem tentavam ajudar.

Mesmo assim, algo espantoso tem acontecido: a Humanidade continuou a evoluir! Mas como poderia estar num nível de evolução e de Civilização muito mais elevados, e as pessoas a viverem muito melhor, se a governação fosse efectuada pelas pessoas competentes e adequadas ao cargo de governar!

Neste livro é apresentado um processo simples e eficaz de acelerar o desenvolvimento da Civilização ao fazer com que os mais competentes e honestos possam ser os governantes das nações. Depois, como "limpeza puxa limpeza..." o mesmo se passará nas restantes organizações do País!

Mas tal não vai acontecer por milagre. Como disse antes, é necessária a actuação de cada um, mesmo daquele que se julga insignificante. O ponto de partida é ter o pequeno incómodo de ir votar bem, se viver num chamado regime Democrático.

AS REVOLUÇÕES

Ás vezes ouve-se dizer que é necessário fazer uma revolução. Será que as revoluções alguma vez serviram para alguma coisa senão para mudar um tipo de má governação por outro tipo de má governação que é igual ou pior que a anterior? Até o nome significa uma volta e regresso ao mesmo. Nunca ouviu dizer: "A gamela é a mesma, só os porcos é que mudaram"? Veja por si. Observe, com olhos de ver, o que aconteceu com as revoluções que conhece. Pode tomar como exemplo o caso do seu País se nele houve alguma revolução.

Conheço um País onde houve uma revolução, para passar da "ditadura" à "democracia". Na altura da revolução havia um País ao lado que era mais atrasado, mas teve a sorte de não ter nenhuma revolução e agora vive também em "democracia" com um nível de vida muito melhor que o nível de vida daquele onde houve a revolução.

Será que aquilo que os Países necessitam é de "indivíduos" que façam revoluções, *ou de pessoas pensantes para escolherem governantes competentes que façam a "Evolução"*? Decida por si!

ESTAREI RODEADO DE BURROS?

Veja se não é verdade, que no chamado "sistema democrático" actual, qualquer "indivíduo" desde que consiga mentir com eficiência pode chegar a primeiro ministro ou a ter outro cargo de governação para o qual não tem competência, afundando assim o País ou a organização que governa com consequências nefastas para todos. Não se verifica ser a situação corrente, no "sistema democrático" actual, que até é o indivíduo mais medíocre que consegue singrar até à chefia dum partido? E isto, porque as pessoas inteligentes e portanto honestas (as únicas que fazem avançar a civilização) não actuam por "golpadas" nem são especialistas da aldrabice, e portanto não se envolvem em tais esquemas! No entanto os especialistas da aldrabice só conseguem singrar em águas turvas e, portanto, necessitam manter o País ou a organização nessas águas turvas. E esta situação irá manter-se enquanto as pessoas não pensarem por si e continuarem a ir atrás de "cenouras" criando aquele famoso ambiente que faria o garoto do conto "O Rei vai nu" gritar: "estou rodeado de burros".

Não lhe parece que é melhor pensar por si e não "enfiar o barrete" com o que nos contam? Não será bom não querer pertencer ao "clube dos burros", mas pertencer antes ao grupo das pessoas civilizadas e promotoras da Civilização? Aí não começará tudo a mudar para melhor?

A GRANDE VANTAGEM DA "DEMOCRACIA" ACTUAL

Na Democracia inicial da antiga Grécia todas as pessoas participavam votando a decisão que devia ser tomada sobre o assunto em discussão. Foi assim que condenaram à morte o grande filósofo Sócrates. Como se vê era um regime de

13

governação que não prestava e que desapareceu, mas deixando as sementes que deram origem ao actual "regime democrático" que, para já, parece ser o melhor até ser implementado o sistema da Aristodemocracia que é apresentado na última parte deste livro.

Parece-me que um dos grandes defeitos do actualmente chamado "regime democrático" é que a votação é feita em partidos, e não em pessoas competentes. E nesta situação qualquer incompetente ou "chico esperto" que conseguiu chegar ao topo de um partido, normalmente por meios duvidosos, pode chegar a primeiro ministro e depois nomear outros iguais a ele, afundando o País (...porcaria puxa porcaria!).

Assim, parece-me que o regime que actualmente se chama "Democracia", embora sirva para escolher o partido que vai governar, *tem como principal vantagem*, não a escolha de quem vai governar mas a possibilidade de afastar da governação o "lixo governante" que afundou um País, caso isso aconteça. *Para isso é necessário que quase a totalidade das pessoas votem, mas votem bem*, e não fiquem a aguardar que os outros decidam ou actuem, e muito menos ficar de braços cruzados a aguardar a sorte de melhores dias, conforme é ilustrado pelo seguinte caso:

"Pai, tem o bigode a arder!
Já sei filha, não vês que estou a aguardar que chova para que a chuva o apague!"

Esta possibilidade de com o voto alterar o sistema político, é uma actividade tão simples, mas muito poderosa pois abre a porta à mudança para melhor e permite seguir novos caminhos para o progresso da Civilização!

Alerta agora para um pensamento assassino que faz com

14

que muitas pessoas não vão votar e que se resume nisto: "para quê ir votar se são todos iguais"? Este pensamento assassino não será fomentado pelos que querem manter a situação de mediocridade actual, evitando que as pessoas vão votar para assim se " continuarem a manter lá"? Mais adiante trataremos dele.

DAR "NOVOS MUNDOS AO MUNDO"!

Alargando os horizontes para o que se passa fora do País, veja se não é verdade que, se as pessoas de um País, aplicarem o exposto neste livro (que é tão simples), além de conseguirem fazer avançar o seu País, vão abrir, por arrasto (não esquecer que "limpeza puxa limpeza...") novos caminhos de progresso e Civilização nos outros Países do mundo inteiro onde a Humanidade se está a deixar afundar na mediocridade e autodestruição? O País passará assim a abrir caminhos de futuro civilizado prestando um serviço, e um grande serviço, à Humanidade! (não lhe parece que bem necessitada está?).

AGRADECIMENTOS

Estou muito grato a todas as pessoas que tiveram o cuidado de ler o dando-me a sua opinião e sugestões, com especial destaque para o Prof. JCL! Agradeço também à Clássica Editora ter permitido a utilização da capa da edição em papel!

ENTREVISTA AO CID ADÃO

INÍCIO

Jornalista: Bom dia

Cid: Bom dia

Jornalista: Antes de iniciarmos a nossa conversa gostaria de lhe agradecer ter-se disponibilizado a gastar algum do seu tempo para conversarmos sobre o modo de fazer evoluir um País e oferecer um melhor viver aos seus cidadãos.

Cid: É sempre um gosto poder conversar com alguém interessado em evoluir, trocando ideias com quem procura actuar correctamente, racionalmente e honestamente, contribuindo assim para o desenvolvimento e progresso de um País.

Jornalista: Obrigado. É sempre bom sabermos que não estamos sozinhos nas boas causas. Sempre me fez grande confusão verificar que existem casos de dois Países estarem lado a lado e um ser altamente desenvolvido, e continuar a desenvolver-se, enquanto o outro ainda estar como que na pré-história do desenvolvimento e a afundar-se cada vez mais! Será isto fruto do acaso, ou os cidadãos de um País têm a possibilidade real de fazer evoluir o seu País?

Cid: A situação de miséria que descreve pode ser o efeito de um governo de ditadura, como é fácil de verificar por quem já esteve em Países dominados por regimes ditatoriais. Mas quando acontece que ambos os Países vivem em Democracia, a situação que descreve deve-se normalmente ao facto dos Cidadãos do País pouco desenvolvido não verem que andam a ser enganados por especialistas na aldrabice e, assim, continuarem a sustentar parasitas políticos que andam a sugar e a destruir o País, em vez de o desenvolverem.

Jornalista: Então, para não estarmos a perder tempo, poderíamos passar de imediato ao assunto fundamental da nossa conversa: é possível ou não, numa Democracia, como a que actualmente existe na maioria dos Países, por um lado detectar e afastar os maus partidos políticos, e, por outro lado, detectar e manter os bons partidos políticos de modo a fazer progredir um País?

Cid: É possível e existe um processo simples, prático e eficaz para o efeito. No entanto devo dizer que este tipo de Democracia baseada em partidos, não me parece que seja o sistema ideal para escolher os governantes de um País, *pois a questão principal não está no tipo de partido, mas nas pessoas que irão governar o País.* Desenvolvi, portanto outro processo de escolha de governantes, que me parece bem melhor que o actual e a que chamei Aristodemocracia (exposto na 3ª parte deste livro).

Jornalista: E o que é que essa palavra não usual quer dizer?

Cid: "Aristo" vem do grego e significa "os melhores"; democracia também vem do grego e significa governo pelo povo. Juntei as duas para significar que neste regime o povo escolhe o seu governo entre as pessoas que provaram desde pequenos, serem honestos e os mais competentes para determinada função.

Jornalista: Então, se não se importar explicaria depois com mais detalhe esse sistema de escolha de governantes. Agora fiquei de certa maneira animado pois me pareceu que disse que sempre se pode recuperar um País tirando-o do lodo em que foi metido até ao pescoço por sucessivos governos de mediocridade e que o faz estar "sempre nos primeiros lugares", mas infelizmente quando se conta a partir do fim.

Cid: É sempre possível, e até com relativa facilidade, se um número elevado de pessoas desse País quiserem pensar por si e actuarem como Cidadãos que são. É necessário que a população desse País passe a actuar como Cidadãos Conscientes. Se grande parte das pessoas não estiverem preocupadas em sair do lodo onde estão atoladas até ao pescoço, mas estiverem só preocupadas que não façam ondas nesse lodo para poderem respirar, então nada feito: o País continuará na miséria.

Jornalista: Portanto o problema não pode ser resolvido por um grupo restrito de pessoas?

Cid: A principal responsabilidade acaba por cair num grupo restrito de pessoas, os chamados governantes, que são quem toma as decisões que afundam ou fazem avançar um País. Mas, quando se vive em Democracia, nos moldes actuais, a escolha desses governantes depende do partido em que as pessoas votam, partido que depois vai propor esses governantes. Assim, tem que ser uma larga maioria de Cidadãos Conscientes a votar conjuntamente de modo a manter no poder o partido que escolheu pessoas competentes para governarem bem, ou a fazer desaparecer do mapa político aquele partido que governou mal, como vai ser explicado de seguida. Assim todos os Cidadãos são chamados a colaborar neste processo.

Jornalista: Então a Democracia pode não ser o sistema político ideal?

Cid: Para o desenvolvimento de um País, a Democracia, nos moldes actuais, pode ser, ou pode não ser o sistema ideal. Como disse antes, tudo depende dos governantes e não do partido em si! E, também lhe referi que há outro processo de escolher adequadamente os governantes competentes, a Aristodemocracia, que me parece ser um sistema muito mais eficaz do que o actual. No entanto a Democracia, como é entendida hoje, tem uma grande vantagem sobre os sistemas ditatoriais, se os cidadãos não se deixarem levar em cantigas, nem transformarem a Democracia no regime dos estúpidos que votam sempre no mesmo partido ou nos mesmos partidos que afundaram ou estão a afundar um País.

Jornalista: E qual é essa vantagem?

Cid: A grande vantagem da Democracia nos moldes actuais é poder colocar fora da governação os incompetentes que governaram mal um País, ou manter no governo um partido que escolheu governantes que governaram bem e fizeram progredir o País. Como vê, a vantagem principal da Democracia não é os cidadãos escolherem os governantes, até porque a maior parte das vezes, à partida, esses governantes nem são conhecidos directamente pelos cidadãos nem é conhecido o seu modo de actuar. O cidadão vota num partido e esse partido é que é o responsável pela escolha dos governantes. Toda a questão está nas eleições seguintes: manter esse partido ou "mandá-lo para o lixo" devido ao modo como os governantes escolhidos governaram o País!

Jornalista: E quando a população fica como que adormecida e vai continuando sucessivamente a eleger partidos com políticos que o que fazem é tratar das vidas dos seus membros e daquilo a que chamam a sua "carreira política", bem como das vidas dos familiares e amigos, no que habitualmente se diz: "Estão a governar-se em vez de governar o País"?

Cid: Bom, nesse caso vai cair-se num ambiente de mediocridade instalada e promovida que transforma o País num lodaçal de corrupção e faz com que esse País se afunde no caminho da miséria. Lá se transformou a Democracia no regime dos estúpidos.

Jornalista: Lembrei-me agora de uma frase que ouvi em tempos e que dizia mais ou menos isto: "Limpeza puxa limpeza, porcaria puxa porcaria. Pelos resultados do que fizerem é que podem ser distinguidas as pessoas que pertencem a cada uma das duas categorias".

Cid: É uma grande verdade, como pode verificar no seu dia a dia. Cada um atrai e promove o seu igual, criando-se maiorias de "Limpeza" ou "de mediocridade" que, posteriormente, vão condicionar a evolução de um País ou de qualquer organização.

Jornalista: Então o que acontecerá num ambiente de mediocridade?

Cid: Num ambiente de mediocridade "Quem sabe, sabe; quem não sabe é chefe". Os empregos e as promoções são obtidos, não pela competência e seriedade dos candidatos, mas por pertencer ao "partido" ou "grupo" que foi deixado tomar conta do poder. As pessoas estão sempre com medo que os colegas lhes espetem uma faca nas costas e reina a "golpada". Não há empresa, instituição ou País que progrida com um ambiente destes: autodestroi-se e, no final, mesmo os golpistas que subiram à custa de trafulhices, ficam na lama geral, ou acabam apanhando um tiro.

Jornalista: E num ambiente de pessoas competentes?

Cid: Aí, as regras estão estabelecidas por pessoas competentes de modo a fazer evoluir a organização e essas regras são cumpridas naturalmente. A ética é fundamental. Cada pessoa sabe o seu lugar, e só é promovida ao lugar que está dentro das suas capacidades! O trabalho desenvolvido por cada pessoa é reconhecido e assim andam todos satisfeitos. A empresa, instituição ou País anda "de vento em popa" num ambiente de "limpeza". Todos ganham com isso, mesmo os medíocres, que no outro sistema de "porcaria" seriam chefes, agora ganham mais e andam mais satisfeitos, mesmo não tendo neste sistema de Limpeza lugar de destaque. Tal instituição ou País tem um alto nível de vida e dá gosto viver aí.

Jornalista: Mas tal cenário não é uma utopia?

Cid: Dizer a um homem das cavernas que se podia ir à lua, devia provocar, além de uma grande gargalhada, essa interrogação que me colocou. Do mesmo modo, embora a humanidade actual tenha evoluído enormemente em termos científicos e técnicos, em termos de Civilização não lhe parece que a humanidade dos tempos actuais ainda está ainda praticamente na época das cavernas, destruindo os outros e destruindo-se a si. De vez em quando aparecem pessoas que são como luzes de civilização, mas em vez de serem aproveitadas, são destruídas pelos medíocres, pois revelam a mediocridade dos que procuram aparentar ser civilizados. A humanidade perde assim uma hipótese de dar um salto em Civilização. Lembro, como exemplo do século passado, Martin Luther King.

Jornalista: Não é fácil, portanto, criar um ambiente civilizado.

Cid: O curioso é que a tarefa até será fácil, se a considerarmos possível e experimentarmos efectuar as acções necessárias para tal, mas será difícil, se a considerarmos difícil ou impossível. Por isso é que os especialistas na mediocridade procuram manter os outros com baixo nível cultural e sem pensarem por si mesmos, enchendo-lhes a cabeça de propaganda. E o primeiro passo para a Civilização progredir, é muito simples: ter o ligeiro incómodo de ir votar adequadamente!

Jornalista: Mas o progresso também não cai do céu.

Cid: É claro. Vai sempre requerer esforço e logo de inicio é necessário ter coragem reconhecendo interiormente que é possível provocar a Evolução, mesmo tendo de ir contra a opinião generalizada de que não há nada a fazer. Numa Democracia, a responsabilidade final é das pessoas que ou não votaram ou votaram mal. Por isso é que também se costuma dizer que "um Povo tem o Governo que merece".

Jornalista: Então o processo passa por cada Cidadão ser uma pessoa com pensamento próprio, orientando a vida para fazer progredir a civilização ao votar num partido, não emocionalmente, mas racionalmente?

Cid: Assim é. Um dos principais obstáculos ao progresso é se o Cidadão passa a assumir-se como acéfalo (querendo dizer incapaz de pensar por si), ou votar emocionalmente (porque sempre votou nesse partido, ou porque o pai dele também votava, ou por considerar que só o partido dele é que bom, mesmo que tenha afundado o País). Tal tipo de pessoas só diz o que corre na moda, bate palmas porque os outros batem, mesmo que não esteja de acordo. Depois aparecem parasitas que andam a sugar a sociedade, normalmente parasitas políticos ou a eles ligados, e em vez de serem corridos e "mandados a ir trabalhar", são aplaudidos por este tipo de pessoas acéfalas, continuando a dar ideia de serem os maiores pois os outros aplaudem-nos (e ao mesmo tempo a sociedade, ou o País está a afundar-se).

Jornalista: Isso lembra-me uma história muito engraçada que um dia me contou sobre um cão e os seus parasitas. Importa-se de a repetir para os leitores a conhecerem?

Cid: É a história de umas carraças habilidosas que conseguiram convencer um cão a sair da casa onde vivia bem e deixar os cuidados do seu dono, pois sair de casa é que era bom para o cão: fazer o que lhe desse na cabeça sem medir as consequências, ir à aventura sem regras, ser o mais mal educado possível: "isso é que era liberdade". Assim o cão afastou-se do dono que o tratava, e o mantinha limpo de parasitas, dando-lhe comida adequada a horas certas, vacinando-o (o que lhe provocava dor, e ele, por sugestão das carraças, começou a achar que era maldade do dono). Como é evidente o cão começou a definhar e a sentir-se mal. Por outro lado, as carraças engordavam "sem fazer nenhum", passando a vida em "reuniões políticas" para combinarem qual a melhor maneira de continuar a convencer o cão de que é fundamental para ele continuar a manter este estilo de vida que alimenta as carraças. E mais: conseguiram convençê-lo que elas ainda lhe fazem o favor de o sugarem!!! E o cão continua muito agradecido às carraças pela "revolução" que fizeram na sua vida, enquanto se vai desfazendo na miséria!

Jornalista: Parece de loucos, mas pensando um pouco, não é assim tão fora do comum no dia a dia das sociedades. As "carraças" não têm nenhum interesse em que o "cão" pense por si e encontre o modo de viver uma vida civilizada, no equilíbrio e na abundância…

Cid: Por isso é que os Cidadãos Conscientes são fundamentais num País, e deviam ser a quase totalidade das pessoas desse País, se quiserem viver bem, ou seja civilizadamente. Já viu o que aconteceria às carraças se o cão começasse a pensar por si, regressando à vida civilizada e aos cuidados do dono? Como disse anteriormente, o curioso é que está perfeitamente na sua mão (ou na sua pata de cão, se estivermos dentro do conto) esta possibilidade e que é muito simples. Primeiro, o próprio "cão" é que tem de acordar e decidir. Depois tem de se deixar de desânimo e começar a agir, dando um primeiro passo tirando as carraças e indo de volta para o dono, ou procurando um novo dono, sempre atento e com "olho aberto" para que não lhe apareçam os familiares das carraças que tirou e que, sempre disfarçados de indispensáveis amigos para o sugarem, o levem de novo à vida de miséria.

Jornalista: Aparece então problema de reconhecer quem é "dono amigo" e quem é "carraça"!

Cid: A solução é muito simples: com o dono amigo o cão progride! Anda limpo e satisfeito, com um bom nível de vida a par com os outros cães civilizados da vizinhança. Com as carraças, o cão está sempre num estado miserável onde nada funciona bem. Também ajuda a detectar um governo de "carraças" se os seus membros ou pessoas a eles ligadas aparecerem com uma riqueza que não se sabe de onde veio, mas que não podia vir do vencimento que têm, pois como diz o provérbio: "Quem cabrito vende e cabras não tem, de algum lado vem". Relembrando a frase anteriormente citada: "Pelos resultados do que fizeram é que podem ser distinguidos os que pertencem à Limpeza e os que pertencem à porcaria"

Jornalista: E muitas vezes esse "cão" até se consola dizendo que não é o único a ser miserável.

Cid: Pois é, mas o que devia fazer era comparar-se com os que vivem bem, esforçando-se por atingir o seu nível de civilização, e não ficar a nivela-se por baixo, com essa desculpa esfarrapada que o "cão" diz para se consolar, em vez de actuar para progredir. Já agora uma anedota para ilustrar a situação:

Num congresso internacional de medicina, um médico do País "A", que é um País muito civilizado e onde as pessoas vivem bem, afirma: "A medicina no meu País é tão avançada que conseguimos fazer um transplante de cérebro, e em 6 semanas o paciente está apto a procurar emprego";

Um médico do País "B", também civilizado, não querendo ficar atrás diz: "No meu País, nós transplantamos um coração e em 4 semanas o paciente fica pronto a procurar emprego";

Finalmente um médico do País "C", (o tal País atrasado, análogo ao "cão" com carraças) diz com ar de lamentação: "Isso não é nada !!!. Nós votámos vezes sem conta em governantes sem capacidade, colocando no governo "chico espertos" bem falantes que nunca fizeram nada de jeito na vida e, passado pouco tempo, o País inteiro ficou a procurar emprego".

Jornalista: Até me faz lembrar um País que conheço e que, infelizmente, teve vários desses governantes, porque o povo insiste em votar mal ou não votar, e agora está "em crise", na lama, quando podia estar bem.

Cid: Como vê, o problema principal é então muito simples: cada Cidadão verifica se um País está ou não a ser bem governado. Depois basta simplesmente, em função disso, alterar ou manter no governo, o partido dos governantes actuais. E, muito principalmente, <u>nunca se abster de votar</u> pois a abstenção pode tornar-se na principal causa do afundamento de um País na mediocridade.

Jornalista: E como se consegue saber se um País foi bem governado, quando cada partido diz que governou bem, ou como se vê nas campanhas eleitorais, promete uma boa governação se votarem nele. Mas depois parece que são todos iguais e as pessoas ficam desiludidas deixando de ir votar.

Cid: Qualquer propagandista pode dizer o que quiser. Isso não altera a realidade do País, mas, infelizmente, há muitos tolos que ainda vão em cantigas e votam no mesmo partido mesmo quando é manifesto que governaram mal anteriormente. Com a conversa até se consegue provar que a pior guerra foi necessária e até um proveito para a humanidade. É claro quem fala assim nunca esteve lá e nós não podemos modificar os tolos. O que é necessário é que a maioria da população não deixe de votar e quando vota que vote para manter um partido com boa governação, ou para limpar o lixo que afundou um País e *isso é fácil de verificar: sente-se na pele.*

Jornalista: Portanto a realidade de um País é que mostra se houve uma boa ou má governação.

Cid: Assim é. Até se costuma dizer que contra factos não há argumentos.

Jornalista: Mas cada partido normalmente pinta um quadro muito negro relativamente aos outros partidos e um quadro muito colorido relativamente ao seu partido.

Cid: Há muitos especialistas na aldrabice, bem como muitos bons actores na política e, se os deixarem, são esses que conseguem singrar e ter os lugares de chefia num ambiente de mediocridade instalada e promovida. Mas existem quatro pedras basilares que mostram imediatamente se um País foi e está a ser bem ou mal governado. O Cidadão Consciente observa-as, verifica se foram bem tratadas pelos partidos que já passaram pelo Governo e escolhe o partido em que vai votar, de acordo com a sua observação sem ir em cantigas eleitorais. Também ajuda a distinguir observando que bons governantes governam preocupados em desenvolver o País e maus governantes governam preocupados em ganhar as eleições seguintes, aparecendo grandes inaugurações e promessas no ano das eleições, naquilo que podemos classificar como "a fantochada eleitoral".

Jornalista: E quais são essas pedras basilares?

Cid: São: A Educação, a Justiça, a Saúde e a Segurança Social

Jornalista: E quanto à economia e ao bem estar dos cidadãos?

Cid: Se as pedras basilares estiverem asseguradas, o nível económico aumenta seguramente pois estão criadas as infra-estruturas para o seu desenvolvimento e as pessoas começam a viver melhor.

Jornalista: Poderemos, então, ver com maior pormenor cada uma delas?

Cid: Mas com certeza.

Jornalista: Vamos então começar pela Educação.

A EDUCAÇÃO

Cid: A mediocridade tem muito medo das pessoas educadas e instruídas. Num País governado pela mediocridade, embora se fale muito em fomentar a qualidade da educação, no fundo o que se procura é que as pessoas não sejam educadas e que tenham um baixo nível de conhecimentos. Já sabe: "Na terra dos cegos quem tem um olho é rei" e a educação dá dois olhos às pessoas. Assim, as pessoas podem ver que "o Rei vai nu", e, que necessita de ser substituído para não despir também o País.

Jornalista: Quando fala na educação, refere-se à educação relativa o modo de actuar das pessoas quando se encontram umas com as outras, ou à educação-formação do ensino escolar desde a infância?

Cid: As duas estão interligadas e complementam-se, pelo que é necessário falar das duas. E este assunto da Educação é um assunto crucial para o desenvolvimento do País.

Jornalista: Podemos então começar pela educação das pessoas no seu convívio diário.

Cid: Está bem. Já reparou, que num País civilizado as pessoas são naturalmente educadas e respeitosas quando se encontram, e convivem harmoniosamente, enquanto que, num País governado pela mediocridade, além de buracos nas estradas e lixo no chão, as pessoas são naturalmente grosseiras e falsas, sempre à espreita para ver se o outro (mesmo o mais amigo) cai, para se rirem e desfazerem dele?

Jornalista: Já que fala nisso até nos meios de comunicação social se nota. Por exemplo, já reparei que na televisão de um País governado pela mediocridade, qualquer "garoto" que trabalha como jornalista trata as pessoas que poderiam ser seus avós por "tu", com uma total falta de respeito, enquanto num País civilizado se tratam as pessoas por "Sr. Fulano", ou "Sra. Fulana", com o devido respeito.

Cid: Infelizmente é assim. Até quando se referem aos detentores dos mais altos cargos de governação, os tratam como: "veio o Zé..." em vez de "veio o Sr. Presidente da República...". É absolutamente incrível o baixo nível a que se pode chegar quando se deixa a mediocridade governar.

Jornalista: Lá voltamos à tal frase "Porcaria puxa porcaria...". Num País civilizado, tal jornalista, possivelmente nem chegaria a jornalista, ou a fazer tais figuras tristes.

Cid: É claro. Mesmo acontecendo que, infelizmente e por falta de visão dos eleitores, o Presidente da República possa ser um "calhau com dois olhos", essa pessoa está a representar um cargo de extrema importância para a sociedade, pelo que tem de ser tratado com o devido respeito.

Jornalista: Mas o Presidente da República, bem como os outros detentores de cargos políticos, também têm de respeitar os outros cidadãos!

Cid: Aí está mais um indicador relativo à educação: a maneira como os governantes se comportam. Num País civilizado os governantes e os membros dos partidos, respeitam-se mutuamente, e respeitam as leis e as restantes pessoas. Num País de parasitas políticos, estes julgam-se seres superiores (e são, só que superiores na mediocridade) ao mesmo tempo que consideram os outros todos como seres de segunda que só têm utilidade para os elegerem (e para lhes pagarem os privilégios).

Jornalista: Já que fala nisso, até me contaram que o dirigente máximo de um País enxovalhou publicamente as forças da ordem simplesmente porque se tinham enganado no caminho. Uma vergonha pública para esse País ter tal dirigente e agora vejo como isto pode servir de indicador da capacidade de governação do partido a que pertencia!

Cid: Assim é, mas não deixa de ser o detentor do cargo de dirigente.

Jornalista: No entanto tais pessoas só envergonham um País. Nunca deveriam ter chegado a ser eleitos para esses cargos.

Cid: E num País civilizado nunca seriam. Mais uma vez voltamos ao problema principal da nossa conversa: descobrir quais os indicadores que nos podem informar da capacidade de governação dos partidos, de modo a evitar que a "mediocridade" governe um País e, se por acaso chegou a governar, como o afastar da governação, rapidamente e definitivamente, nas próximas eleições.

Jornalista: Podemos então passar agora à chamada

Educação Escolar, ou Académica.

Cid: É muito fácil de ver se um País tem sido bem ou mal governado neste campo. Basta observar, pois a preocupação de um Governo sério é apoiar e desenvolver os bons alunos, bem como criar as condições para fomentar um ensino de exigência e qualidade a fim de que todos possam ter uma boa formação. Ou seja nivela por cima e estimula realmente a excelência, o que faz desenvolver o País.

Jornalista: E como se distingue um governo de mediocridade neste campo?

Cid: Distingue-se verificando que a sua política de educação gera um País de "burros". A preocupação de tal governo é unicamente manter as aparências de uma boa imagem, evitando artificialmente aquilo a que chamam o insucesso escolar. Depois são os mesmos "burros" que mantêm os governantes que os motivaram. Assim, nivelam por baixo: os maus alunos passam de ano (para dar a aparência de tudo estar bem com o chamado insucesso escolar e não haver aborrecimentos com os pais dos alunos), os professores quase que têm de pedir aos alunos para darem as aulas, os alunos que são considerados heróis são os mais mal educados, ou os que partem os vidros das escolas à pedrada (chamam-lhes os irreverentes). Está a ver o lindo enterro do País que tem tais políticos como governantes e tais alunos como futuros governantes, ou companheiros de trabalho no emprego (porcaria puxa porcaria...).

Jornalista: Ainda há semanas eu fiquei espantado porque vi na televisão que houve pais que estiveram mais de um dia à espera que abrissem as inscrições para determinada escola, para poderem dar educação de qualidade aos seus filhos, quase com um ano de antecedência para o início das aulas. Portanto há pais que estão preocupados com a educação dos filhos.

Cid: Não me custaria nada a adivinhar que tal escola será uma escola particular e que é independente do Governo.

Jornalista: E acertou.

Cid: Isto só mostra como é possível fazer-se uma boa educação e, portanto também é possível no ensino oficial. Há professores e pais interessados. Novamente o problema está nos Governantes e no apoio dado pelo respectivo Ministério. Se nalgumas escolas particulares se faz bem, nas oficiais também se pode fazer e com maior razão. Assim, se os pais estão preocupados é necessário que votem adequadamente para limpar a "mediocridade" e eleger governantes sérios que fomentem a educação.

Jornalista: Então, para verificar se um Governo foi competente, no campo da Educação, bastará perguntar: estes governantes criaram um ensino virado para os bons alunos e para a criação de condições nas escolas a fim de gerarem bons alunos, e bons cidadãos ou criaram e deixaram correr condições nas escolas para imperarem a mediocridade, a falta de respeito e a valorização dos "espertos"?

Cid: Sim, é muito simples, basta verificar isso. Basta ver o que acontece concretamente nas escolas onde andam os próprios filhos, ou os filhos dos conhecidos, bem como estar atento ao que a comunicação social mostra do País, neste campo da Educação. Depois, nas alturas de eleições, tomar nota deste aspecto para escolher o partido em quem votar, como veremos mais adiante.

Jornalista: Mas nas universidades os professores hão-de dar conta do que se passa e tentar corrigir.

Cid: Os professores competentes sim, mas se a maioria estiver do lado da mediocridade também se estão a afundar com o País. Não se esqueça limpeza puxa limpeza...Contaram-me uma situação de um professor medíocre que saiu da Universidade donde estava, passou para outra onde um familiar que era Reitor lhe arranjou maneira de chegar a Catedrático. Como havia no sul do País uma Universidade nova com falta de catedráticos disse adeusinho ao familiar e mudou-se com a mulher para a Universidade do sul, onde é claro arranjou maneira de empregar a mulher.

Jornalista: Pelo andar até chegou a Reitor!

Cid: Mas é que chegou mesmo. E agora quem lhe parece que irá ser promovido nessa Universidade a mediocridade ou a competência?

Jornalista: Não vai ser muito difícil de adivinhar.

Jornalista: Também não é difícil adivinhar: num País de mediocridade ...

Cid: Quando me contaram este triste caso, e a meio ainda há situações de plágio etc., para mim foi perfeitamente demonstrativo da célebre frase "mediocridade atrai e promove a mediocridade, competência atrai e promove competência". Por isso não pense que as universidades estão a salvo num País onde reine a mediocridade. Se os eleitores do País continuarem a manter a mediocridade no Governo o problema continuará a ter proporções cada vez maiores em todas as instituições.

Jornalista: Quanto à Educação estou esclarecido. Passemos então à Justiça.

A JUSTIÇA

Cid: A Justiça é outro dos pilares básicos no desenvolvimento de uma sociedade. A Justiça num País não está relacionada só com os tribunais, mas também com todas as forças de segurança que tratam da protecção de cada cidadão.

Jornalista: Então também se poderá verificar a capacidade de governação de determinado partido pelo modo como deixou a Justiça num País, o que se detecta facilmente verificando por exemplo se há segurança para sair à noite sem ser assaltado?

Cid: Esse é um exemplo, mas há mais aspectos a verificar. Numa sociedade civilizada a justiça é cega para o tipo de pessoas envolvidas num processo, tratando todas as pessoas da mesma maneira. Neste tipo de sociedade os Juizes também têm pouco que fazer dado o estado civilizado do cidadão, só muito excepcionalmente se recorre à Justiça e, por isso, os casos nos tribunais são poucos e andam rapidamente e dignamente. Neste tipo de sociedade os juizes medíocres também são responsabilizados por julgamentos fraudulentos, e afastados da magistratura.

Jornalista: E na sociedade da mediocridade?

Cid: Numa sociedade de mediocridade instalada e promovida, muitos Juizes vendem-se, os resultados dos julgamentos dependem das pessoas envolvidas, vários Juizes andam a engordar nos almoços e jantaradas com as pessoas influentes e endinheiradas (muitas vezes a riqueza vem de dinheiro conseguido ilicitamente), os Tribunais não têm condições de funcionamento, o número de processos vai crescendo, vão sendo acumulados, arrastando-se anos e anos sem resolução, e os Juizes podem fazer impunemente as asneiras que quiserem pois são intocáveis.

Jornalista: Portanto, neste caso, o Cidadão não pode contar com a Justiça.

Cid: Pois não. Existe o ambiente do tipo "coitadinho do ladrão e a malandra da velhinha roubada". Sai mais depressa da esquadra o assassino, que o polícia que o prendeu. Além disso, para o desenvolvimento de um País também é absolutamente crucial um combate implacável à fraude, ao compadrio, e à corrupção.

Jornalista: Em resumo, quais serão as perguntas a fazer neste caso da Justiça?

Cid: Sugiro as perguntas seguintes. O partido, quando esteve no Governo:

a) favoreceu as forças da ordem, criando segurança para o Cidadão, ou criou um clima onde não se pode sair à rua sem ser assaltado, (em resumo: combateu o crime ou facilitou a vida aos criminosos)?

b) criou um sistema de Justiça que favorece o cidadão cumpridor, ou um sistema de Justiça facilita a vida à mediocridade e ao trafulha habilidoso?

c) criou condições para que os Tribunais funcionassem bem, ou na prática, os Tribunais não servem para quase nada dado o tempo que os processos levam a resolver, e a maneira fraudulenta como muitos juizes decidem impunemente?

Elas estão interligadas, por isso também é fácil o cidadão observar como vai a Justiça no seu País e assim saber quais os partidos que deixam um País com uma Justiça digna desse nome, ou com uma miserável simulação de justiça. Veja no seu País. Depois é só votar adequadamente.

A SAÚDE

Jornalista: Quanto à saúde parece-me muito fácil verificar se um partido governou bem ou não.

Cid: É verdade, e nem necessitamos de gastar muito tempo com este tema. Basta ver se os hospitais e centros de saúde são em número suficiente e têm as condições necessárias para tratar condignamente os doentes, se as condições de atendimento são boas quando é necessário ir aos Hospitais, ou centros de saúde, se os profissionais de saúde (médicos, enfermeiros...) são valorizados, ao mesmo tempo que lhes é exigida responsabilidade por estarem a lidar com vidas humanas.

Jornalista: Não sei se lhe parece que o seguinte resumirá o que disse: Num País que foi bem governado, se um cidadão tiver um problema de saúde, esse cidadão é atempadamente e convenientemente tratado nos serviços de saúde públicos; num País que foi mal governado, quem tem dinheiro recorre aos serviços de saúde particulares, quem não tem dinheiro morre em casa em lista de espera aguardando uma eternidade até ser chamado, ou até treme se tem de ir às urgências dos hospitais e centros de saúde devido às situações indignas porque tem de passar, a começar pelo tempo que tem de esperar até ser atendido.

Cid: Parece-me um bom resumo que toca o essencial para uma escolha objectiva, ou um afastamento objectivo de um partido. Como vê é muito fácil distinguir se um partido governou bem ou não neste campo.

Jornalista: Passemos então ao assunto da Segurança Social.

A SEGURANÇA SOCIAL

Cid: A Segurança Social é uma das funções mais nobres da organização de uma sociedade. Com uma boa Segurança Social fica assegurada a sobrevivência condigna das pessoas que por situações alheias à sua vontade não podem trabalhar para a sua subsistência, ou não têm condições dignas de vida.

Jornalista: Então como podemos distinguir uma boa de uma má governação neste ponto.

Cid: Podemos começar por verificar logo de início se determinado partido, que esteve na governação se interessou por este assunto. Depois é necessário verificar se as decisões que tomou neste campo foram com vista ao bem das pessoas que realmente necessitam de ajuda, ou andou a ajudar (com vista à angariação de votos) parasitas que não querem trabalhar.

Jornalista: Mas, muitas vezes as pessoas não têm acesso directo a esse tipo de informação.

Cid: Pois não, mas voltamos a socorrer-nos da famosa frase "Limpeza puxa limpeza...": ou seja vemos o que foi feito. Numa má governação existem pobres a pedir na rua, por vezes em estado miserável, é dado dinheiro a quem pode trabalhar ficando em casa a embebedar-se, e há reformados que recebem uma reforma que nem chega para pagar a alimentação e a medicação.

Jornalista: Numa boa governação será ao contrário...

Cid: Sim. Mas, além disso, numa boa governação corta-se, por exemplo, nas despesas em jantaradas, aquisição de carros, visitas internacionais e todas as despesas não fundamentais a fim de haver mais dinheiro para os mais necessitados. As situações de carência são acompanhadas com interesse e objectividade pela Assistência Social e as pessoas ajudadas na medida das suas necessidades. São criadas condições de vida para os deficientes de qualquer tipo. Veja que tal é perfeitamente possível, e há Países onde funciona, como nos Países nórdicos.

Jornalista: De certeza que nesses Países não deve ser a

mediocridade a governar.

Cid: Pois não, mas tal não caiu do céu. Foram os cidadãos que escolheram, e mantêm, os partidos que procuram os governantes competentes. E tal é perfeitamente possível em qualquer lugar do mundo, bastando que os Cidadãos se tornem Conscientes, como vimos insistindo.

Jornalista: Então, depois de vermos os parâmetros que nos esclarecem sobre uma boa ou má governação, podemos passar a ver o processo pelo qual podemos participar na colocação das as condições adequadas para começar o progresso de um País.

Cid: Vamos lá então.

SUGESTÕES PARA VOTAR CORRECTAMENTE

Jornalista: Quais são, os fundamentos em que baseou o seu processo?.

Cid:

Em primeiro lugar: considerar que a governação de um País não pode ser considerada uma brincadeira, nem uma situação de promoção pessoal. Quando as pessoas civilizadas são convidadas, só escolhem participar na governação se estiverem aptas para tal. Mas num País de mediocridade o que interessa é "ir para lá" e, se correr mal, ele já se safou pois ninguém pede responsabilidades aos maus governantes. Assim cabe ao Cidadão escolher um partido que procure, mantenha e fomente os honestos e competentes na governação, afastando os outros.

Em segundo lugar: o Cidadão deve votar racionalmente, escolhendo objectivamente por aquilo que observa quando vê o estado em que partidos que anteriormente já governaram no seu, ou noutro País, deixaram esse País. Nunca deve votar emocionalmente, "pelos lindos olhos" ou pela "conversa" de algum, ou alguns, dirigentes partidários, nem deixar-se levar por publicidade. Já se sabe que a mediocridade vai pintar um lindo quadro para enganar o maior número possível de eleitores. O importante é manter na governação um partido que escolha governantes que governem bem, e é afastar completamente os partidos que governaram mal o País!

Em terceiro lugar: é necessário que a maioria dos eleitores vote num único partido, para não haver dispersão de votos com a consequente subida de partidos de mediocridade (pois os seus eleitores da mediocridade votam sempre). É por isso que se indica um processo de escolha que começa por ver se o partido que esteve no Governo deve continuar, ou ser afastado. Se deve ser afastado e não há nenhum outro partido que se distinga positivamente, deve-se começar a aplicar o processo de escolha no primeiro partido da lista na zona da Capital (como sabe é sorteada a ordem da lista), pois o País pode ter listas diferentes conforme a zona do País, que vão naturalmente ter ordenação de partidos diferentes, e é necessário concentrar os votos num só partido usando só a ordenação lista da zona da Capital para o processo ser efectuado. Depois verifica-se se não há nenhuma coisa contra em escolher esse partido e seguir para o segundo partido, se houver alguma coisa que mostre que o primeiro não serve para governar, e assim pela lista abaixo. Consegue-se deste modo que a maioria dos Cidadãos conscientes de um País estejam em sintonia para não haver dispersão de votos por vários partidos.

Jornalista: Não será complicado este processo que sugere para escolher, o melhor possível, o partido que vai indicar os governantes de um País, e que as pessoas com menos formação não consigam entender?

Cid: Se experimentar verá que até é muito simples! E existe também na contracapa um quadro para ajudar. Em síntese, este é um processo que se aplica logo de inicio aos partidos que estiveram no Parlamento devido às eleições anteriores. Se governaram bem (observando como está a educação, a justiça, a saúde e a segurança social, conforme apresentado antes), votar no principal partido. Se estes partidos governaram mal e afundaram o País, não se vota em nenhum deles, e começa-se a aplicar o processo de selecção do partido em quem votar, no início da lista do boletim de voto da Capital (pois outras regiões do País podem ter ordenação de partidos diferentes, e convém usar só a ordenação de uma lista para não dispersar os votos), fazendo as perguntas apresentadas mais à frente. Se este partido do inicio da lista não servir continua a aplicar-se o mesmo processo no partido a seguir da lista e assim sucessivamente, até encontrar ao partido em quem votar. Muito simples como vê!

Jornalista: Na realidade é um processo objectivo que procura ver bem através da poeira que nos procuram lançar para os olhos durante as campanhas eleitorais.

Cid: Assim é e quem o seguir até nem necessita perder tempo com as campanhas eleitorais e as mentiras que podem ser ditas nelas. O que é importante é observar a governação anterior, ou o que aconteceu em Países onde determinados partidos, ou partidos com a mesma ideologia já governaram. É claro que a observação tem de ser global e não ficar preso num caso pontual.

Jornalista: O que quer dizer com isso?

Cid: Parece-lhe, por exemplo que um cidadão que queira ver um País progredir, vai votar num partido que se diz de "esquerda", de "direita", ou é um partido de fanáticos, religiosos ou outros fanáticos, quando olha para o estado em que ficaram, ou em que ainda estão os Países que foram ou são governados por tais regimes?

Jornalista: Curioso, nunca tinha pensado nisso.

Cid: Outro exemplo: se determinado governo fez progredir notoriamente um País, mas um ministro portou-se mal em determinada área, parece-lhe sensato afastar da governação o partido desse governo só por causa desse ministro?

Jornalista: Neste caso parece-me que deve ser dada nas eleições outra vez o voto a este partido.

Cid: Também me parece. O Primeiro Ministro é que deverá estar atento e substituir esse ministro antes que o mal se pegue aos outros ministros, se quer evitar o consequente afastamento desse partido da vida activa nas eleições seguintes. A perfeição total não existe, mas não se pode ignorar e deixar sem ser responsabilizada a mediocridade nos cargos de responsabilidade.

Jornalista: E se nas eleições não existir a mesma lista para todas as regiões do País? Como a ordem dos partidos não vai ser a mesma, lá se vai a ideia de ter quase todas as pessoas do País a votar no mesmo partido.

Cid: Como já disse antes, nesse caso, <u>usar a lista da região da Capital do País</u>, para escolher nessa lista o partido em quem votar segundo o processo apresentado, e depois votar nesse partido quando lhe derem, na mesa de voto, a lista da sua região onde vai votar. Assim a maioria das pessoas do País só vota num partido.

Jornalista: Mas como é que as pessoas vão saber qual é a ordem dos partidos na lista da Capital do País?

Cid: Podem ver na Internet, ou contactar a Comissão Nacional de Eleições que sempre existe num País. De qualquer modo o partido que na lista da Capital vê que seguindo o processo apresentado irá ser eleito, ira fazer bastante propaganda da lista da Capital e da sua posição na lista, para as pessoas votarem nele!

Jornalista: Muito bem! De modo a não restarem dúvidas, importa-se então de fazer um resumo global, o mais prático possível, relativo ao processo: como é que se começa no mais votado nas eleições anteriores e se segue por aí fora até encontrar o partido em quem votar?

Cid: Com certeza! Torno a insistir que é muito simples, e muito poderoso este processo. Basta ir fazendo a si próprio a sequência de perguntas encadeadas a seguir (é apresentada uma figura que ilustra o processo com um quadro de resumo geral):

A) PRIMEIRA PERGUNTA: O PARTIDO MAIS VOTADO NAS ELEIÇÕES ANTERIORES DESENVOLVEU O PAÍS?

Verificar se, com o partido mais votado nas eleições anteriores, o País progrediu nos campos anteriormente descritos da saúde, da educação, da justiça e da segurança social, ou se pelo menos manteve o progresso que já tinha antes, se o País já for desenvolvido!

Se o País progrediu: tornar a votar nesse partido!

Se o País não progrediu: fazer a seguinte pergunta:

B) SEGUNDA PERGUNTA: HÁ ALGUM PARTIDO QUE APRESENTE COMO PRESIDENTE DO PARTIDO, ALGUÉM QUE SE VEJA LOGO (PELO QUE FEZ ANTERIORMENTE NA VIDA) SER DE MUITO VALOR E COMPETÊNCIA PARA GOVERNAR O PAÍS?

Verificar se algum partido apresenta como presidente do partido alguém íntegro (que não andou metido anteriormente em aldrabices ou corrupção) com boa carreira académica e actuação profissional impecável, tendo mostrado que já fez na vida alguma coisa que vale a pena e escolheu para candidatos a deputados pessoas do mesmo género.

Se houver: votar nesse partido!

Se não houver: passar à lista dos partidos <u>no boletim de voto da região da Capital do País </u>(normalmente as listas não têm a mesma ordenação de partidos para as diferentes regiões de todo o País, e é fundamental que todas as pessoas façam as perguntas seguintes só na mesma ordenação de partidos, por isso sugiro que se utilize só a lista da Capital) e fazer as perguntas seguintes, começando no primeiro partido dessa lista da Capital:

C) PERGUNTA: ESTE PARTIDO JÁ ESTEVE NO PARLAMENTO?

1- SE JÁ ESTEVE NO PARLAMENTO, perguntar de seguida: o País progrediu notoriamente nos campos anteriormente descritos da saúde, da educação, da justiça e da segurança social, devido à actuação desse partido enquanto esteve no Parlamento?

Se o País progrediu: votar nesse partido!

Se o País não progrediu, eliminar esse partido e passar ao partido seguinte da lista, repetindo as perguntas a partir da C)

2- SE AINDA NÃO ESTEVE NO PARLAMENTO, verificar se há, logo à partida, algo que o elimine. Para isso fazer as seguintes perguntas:

2.1- PARTIDOS COM A MESMA IDEOLOGIA DESTE PARTIDO JÁ GOVERNARAM NOUTRO PAÍS?

2.1.1- Se já governaram noutro País, perguntar: Fizeram evoluir esse País notoriamente nos campos anteriormente descritos da saúde, da educação, da justiça e da segurança social, ou destruíram esse País?

-Se fizeram evoluir esse País: votar nele!

-Se destruíram esse País: passar ao partido seguinte da lista e repetir as perguntas a partir da C).

2.1.2- Se não governaram noutro País, perguntar: A sua ideologia é pelo progresso da Civilização, ou pela mentira, pelo fanatismo e pela destruição raivosa dos adversários?

-Se é pela Civilização: votar neles

-Se é pela mentira pelo fanatismo e destruição raivosa dos adversários: abandonar este partido passar ao partido seguinte da lista e repetir as perguntas a partir da C).

-Se for impossível de saber a sua ideologia, verificar, na medida do possível (indo por exemplo verificar na Internet) se os seus principais responsáveis e as pessoas que propõem para deputados são pessoas sérias, com carácter e já fizeram algo de jeito na vida.

-Se são, votar nele;

-Se não são, passar ao partido seguinte da lista e repetir as perguntas a partir da C).

Jornalista: Na realidade parece fácil!

Cid: E é muito fácil! Se as pessoas experimentarem vão

ver que dá resultado. Como pode verificar, se este processo for sistematicamente utilizado nas eleições, a mediocridade política começará a desaparecer e os partidos vão esforçar-se por cativar para a governação, as pessoas decentes e competentes. Este processo só falha se as pessoas não o seguirem, ou seja se se deixarem enredar num problema.

Jornalista: E qual é esse problema?

Cid: O problema aparece se as pessoas deixarem de seguir as perguntas propostas e começarem a pensar emotivamente coisas como "Eu sempre votei no partido A, não me sinto bem se mudar de partido" ou "Lá em casa todos votam no partido B, eu também tenho de votar nele", ou ainda "o candidato X é muito simpático e de conversa atraente, se calhar voto nele (mesmo que seja uma nulidade profissional)". Ou então se começarem a pensar: "São todos iguais. Já estou farto disto, e por isso não vou votar, ou voto nulo ou branco". Está a ver a situação: as pessoas deixam de ser racionais, vão em emoções ou são levadas pelo "conto do vigário" e falsas promessas que podem aparecer nas campanhas eleitorais, votando mal ou deixando de votar, e o País continua a ser governado por "carraças" parasitas continuando a afundar-se.

Jornalista: Mas sempre vai haver pessoas deste tipo, ou seja pessoas ignorantes que são enganadas e votam mal.

Cid: É claro que sempre vai haver pessoas deste tipo, mas se forem meia dúzia delas não há problema. O problema aparece quando a maioria das pessoas não vota ou vota mal!

Jornalista: E muitas vezes também aparecem maus governantes devido às abstenções. As pessoas estão cada vez mais a abster-se porque deixaram de acreditar nos políticos.

Cid: Por isso é que eu lhe disse anteriormente que a

abstenção pode tornar-se na principal causa do afundamento de um País na mediocridade. Com o novo processo descrito anteriormente, cada Cidadão deve votar, mas votar bem, e ao ser um Cidadão votante está a contribuir para limpar o "lixo político", eliminando os partidos que vivem da mediocridade. Assim, em vez de se absterem têm a oportunidade de usar a lista do boletim de voto da Capital para votar maciçamente num só partido dando-lhe a maioria e fazendo desaparecer os outros que afundaram o País. Por outro lado o partido que ganhou as eleições com este novo processo já sabe que, se não governar para desenvolver o País e melhorar as condições de vida das pessoas, nas próximas eleições será eliminado da cena política.

Jornalista: Sim, na realidade o problema principal aparece quando estão "lá" sempre os mesmos partidos, quer governem bem quer governem mal.

Cid: Está a ver: passa pela cabeça de alguém que pense, e actue conscientemente, ir abster-se, ou tornar a votar num partido que fez um País a afundar-se, e ficar na miséria? Era necessário ser muito estúpido!

Jornalista: É evidente que para o País se desenvolver, tal partido devia ser afastado. Mas muitas vezes as pessoas dizem que não há outros, ou que são todos iguais.

Cid: Como já disse antes, isso é o que os partidos da mediocridade querem que as pessoas pensem. Volto a insistir: se nas eleições as pessoas não se abstiverem, e seguirem o processo das perguntas apresentado anteriormente, os partidos de mediocridade desaparecem da vida política (as "carraças" são arrancadas) e o partido que for eleito já está avisado que desaparece se não governar bem. Por outro lado, não esquecer que a "mediocridade" vota sempre para manter os que a sustentam.

Jornalista: Mas isto tudo que disse é como fazer uma revolução num País!

Cid: Não é uma revolução, mas sim uma Evolução! Isto é que qualquer País necessita. Além do mais, à partida, o Cidadão não deve nada aos políticos. Eles é que devem ao Cidadão o facto de andarem a ser tratados por "Senhor Deputado" ou "Senhor Ministro", vivendo à custa dos nossos impostos! Se não cumprem a sua função, com capacidade, com dedicação e com honestidade, devem ser afastados sem contemplações!

Jornalista: E quanto ao chamado voto de protesto no partido da oposição?

Cid: Se as pessoas só votam num partido da chamada oposição porque se sentem revoltadas com a actuação de outro partido, caem no risco de votarem cegamente e colocarem no poder um partido que já anteriormente governou mal. É o que vulgarmente se chama "sair da frigideira para cair no lume". E o País ainda fica pior! Seguir a sequência das pergunta evita isso!

Jornalista: E se as pessoas votarem em branco?

Cid: É puro gasto de energia para nada. Na prática simplesmente aparecem nas estatísticas, mas não muda nada. O que conta são os votos nos partidos. O processo que lhe apresentei tem o mesmo gasto de energia (ir votar), mas é eficaz no afastamento da mediocridade e no manter da competência na governação.

Jornalista: Agora parece-me evidente a razão porque os Países avançados em Civilização procuram conseguir ter as melhores pessoas nos lugares de governação. Verifique o que se passa, por exemplo, no Canadá, ou nos Países nórdicos!

Cid: Ora bem! Só assim é que um País pode evoluir! Por

fim, e volto a insistir, não esquecer que a "mediocridade" vota sempre. O Cidadão que pretende criar e viver num País evoluído não pode deixar que a "mediocridade" escolha por si, que é o que acontece se não for votar. É fatal para o desenvolvimento de um País que um partido que governou mal continue a ter deputados no Parlamento, mesmo que seja na chamada oposição.

Jornalista: Curioso que no fim da nossa conversa, fico com a sensação que o que disse faz parte do senso comum.

Cid: É senso comum! Basta as pessoas usá-lo, e não se deixar ir nas conversas dos especialistas da aldrabice. Lembra-se da história do ovo de Colombo? *O mais caricato disto tudo é que existe a possibilidade real de mudar um País, e as pessoas não a utilizam!!!* E de modo tão simples como beber um copo de água: basta num dia ir fazer racionalmente (e não emotivamente) uma cruzinha num boletim de voto, no sítio correcto. Por isso não lhe parece incrível que por vezes as pessoas deixam afundar o País nem sequer indo votar? Não é espantoso, como uma pequena acção pode mudar tanta coisa para melhor, ou para pior? Por isso é que o Cidadão tem de estar consciente e actuante!

Jornalista: Só me resta agradecer o tempo que dedicou a este assunto, esperando que as pessoas façam esse pequeno esforço de ir votar racionalmente, para bem de todos!

Cid: De nada! Tive todo o gosto, pois função de um Cidadão digno desse nome procurar naturalmente fazer evoluir a Civilização e o ambiente onde se encontra. Agora só resta as pessoas experimentarem para ver que dá resultado e assim poderem ter um País onde é bom viver. E isto só vai acontecer quando as pessoas começam a pensar nestas coisas pela sua própria cabeça!

A ARISTODEMOCRACIA

UMA SUBIDA NO "NÍVEL DE CIVILIZAÇÃO"!

O processo apresentado anteriormente para a escolha de um partido para governar um País, é o primeiro e fundamental passo para o desenvolvimento de um País se atolado numa governação de mediocridade, ou seja, fazer a limpeza dessa mediocridade. Depois é necessário que seja criado um sistema automático (livre de compadrios) que permita serem só as pessoas mais dotadas, mais competentes e com maior nível de civilização a terem a possibilidade de serem futuros governantes. Assim evita-se o triste espectáculo de um País ter um Parlamento formado por seres acéfalos que votam em "manada" com todos os da mesma cor a votar da mesma maneira, como robot colorido, procurando o próprio interesse ou o interesse do partido, em vez de procurarem fazer evoluir o País.

Já observou verdadeiramente como funciona o Parlamento, ou Assembleia da Republica, ou qualquer outro nome que tenha o conjunto dos deputados eleitos num regime de mediocridade? Às perguntas: "Quem vota a favor?" levantam-se os robots azuis; "Quem vota contra?" levantam-se os robots vermelhos; "Quem se abstém?" levantam-se os robots laranja (ou qualquer outra composição de cores que o leitor queira considerar!). Não ficava mais barato a esse País se em vez de andar a gastar dinheiro com "robots", seus motoristas e mordomias, comprasse uns fantoches de madeira coloridos que instalaria no Parlamento e fossem controlados por um interruptor na sede do partido da mesma cor, interruptor esse que fizesse levantar os fantoches de madeira coloridos com essa cor, na altura das votações? Isto de se levantar e assentar, de acordo com a cor, é que é trabalho de deputado competente? Um Parlamento de Deputados competentes não teria as propostas apresentadas aprovadas por mais de 90% se fossem boas para o País, ou rejeitadas por mais de 90% se fossem propostas más para o País? Afinal o que interessa é a cor do partido, ou o País?

Uma história para ilustrar melhor a situação de governação por incompetentes: imagine que teve um ataque cardíaco e que está a ser levado para a mesa de operações no hospital, quando chega um empregado e lhe diz: "Hoje o cardiologista teve um problema e não pode vir, mas não se preocupe pois já fizemos uma eleição e elegemos empregada da limpeza para o operar, pois é muito simpática e fala muito bem!" Que tal se sentiria se tal acontecesse? Um hospital deixaria uma pessoa operar sem competência para isso? Não faz qualquer sentido, não é verdade? Então parece-lhe fazer algum sentido poder votar num incompetente ou num aldrabão para governar um País, como actualmente acontece na maioria dos países chamados democráticos? É óbvio que qualquer país se irá afundar com tais governantes! Basta ver o que se tem passado em Países seus conhecidos!

A Aristodemocracia evita estas situações só permitindo a pessoas inteligentes, competentes e honestas, ter acesso aos lugares de governação! É esse tipo pessoas que pode fazer avançar um País quando se implementar o sistema de Aristodemocracia. E quando estiver implementado é benéfico para todos!

VAI DEMORAR TEMPO E REQUER ESFORÇO, MAS VALE A PENA!

O processo de implementação da Aristodemocracia, como vai ser apresentado seguidamente, não se realiza do dia para a noite, como acontece com tudo o que vale a pena: primeiro requer que seja entendido e assimilado; a seguir requer tempo, esforço e que não se desista nem se caia na tentação de aproveitamento do sistema para benefício pessoal (não esquecer que a implementação isenta do sistema é o que traz o verdadeiro benefício para todos). Mas é simples e, como pode perceber-se, ficamos noutro nível de civilização: educação séria, justiça como deve ser, sem pobres, com saúde gratuita e sem filas de espera, feita por médicos competentes formados pela educação séria. As pessoas são pagas de acordo com o seu tipo de responsabilidade e não pelas "palhaçadas" que fazem, ou pelo partido a que pertencem.

Pensa que é impossível de ser feito? Mas não é! É perfeitamente possível de fazer e até muito simples de implementar! Mas é claro que se a maioria das pessoas acha que é impossível, fica presa ao "sempre foi assim e sempre assim será" e não faz a sua parte, nomeadamente indo votar bem, é claro que tal sociedade civilizada não vai acontecer!

Uma história para ilustrar a situação em que vive a maioria das pessoas presas à mediocridade por cadeias que só existem na sua imaginação e alimentadas por uma publicidade tipo lavagem de cérebro:

Um comerciante árabe ia com a sua caravana de camelos pelo deserto e foi necessário acampar para passar a noite. Os criados vieram ter com ele dizendo: "Temos um problema pois só trouxemos 19 estacas para prender os camelos, que são 20". Responde-lhe ele: "Não ha problema nenhum! Os camelos são animais estúpidos de modo que vão atar os 19 camelos às estacas e quando chegarem ao que não tem estaca façam como para os outros simulando que enterram uma estaca e o atam a ela. Ele vai ficar sem se mexer, como os outros, mesmo sem estar preso!" Os criados assim fizeram e o camelo lá ficou preso à estaca imaginária, sem sair dali, como os outros. No outro dia, os criados voltaram a correr para o comerciante, muito aflitos, dizendo: "Não sabemos o que se passa, todos os camelos estão prontos para continuar caminho, menos aquele que não tinha estaca, que não se mexe!" Respondeu-lhes o comerciante: " Vocês já fizeram os gestos de o desatar, como se ele estivesse realmente preso?" Disseram eles: "Nem nos lembrámos disso". Foram então fazer os gestos de desatar o camelo preso com corda imaginária à estaca imaginária, e ele lá seguiu caminho com os outros!

É assim que a maioria das pessoas se comporta na vida, presas a comportamentos que a mediocridade criou para manter as pessoas "atadas" ao que está na moda, ao partido em que sempre votaram, etc, … sem pensarem pela sua própria cabeça e passarem a actuar racionalmente!

E não lhe parece que vale a pena fazer esforço para se libertar, começar a pensar por si, e implementar num País o regime da sociedade civilizada?

A "IDEIA BASE"

A ideia base da Aristodemocracia, apresentada de seguida, é de tal maneira evidente que até parece nem ser necessário apresentá-la. Mas desafio o leitor a encontrar um único País onde seja realmente e institucionalmente implementada.

Como facilmente se verifica, qualquer organização ou serviço só progride se tiver as pessoas competentes a desempenhar as tarefas onde têm competência. Como vimos antes, ninguém normal gostaria de ser operado ao apêndice pela empregada de limpeza do hospital, mas sim pelo médico que tem competência para tal. Ela tem é de ser competente no seu serviço de limpeza, e assim é que as coisas andam bem!

Não é portanto nenhum espanto dizer que *para um País se desenvolver, e os seus cidadãos viverem bem, não deve ser* qualquer *"chico esperto"* *a governar, mas sim as pessoas mais inteligentes, competentes, honestas (civilizadas), e interessadas em ajudar os outros que devem assegurar a governação de um País naquilo em que são competentes.* Esta é a ideia base da Aristodemocracia, o sistema proposto para implementar essa ideia base. Depois, tudo o resto corre sobre rodas!

COMO FAZER?

Surge então a questão fundamental: Como é que a sociedade gerida segundo o sistema da Aristodemocracia descobre se uma pessoa é suficientemente inteligente, competente, honesta e interessada em ajudar os outros para poder vir a ser governante? E como se evita que o aldrabão medíocre filho do amigo do Presidente, possa ser nomeado para um cargo de direcção, só porque é filho do amigo do Presidente?

O processo até é muito fácil de implementar, desde que se queira, e começa na escola primária: todo o professor ou professora sabe de entre os seus alunos quais são os inteligentes, os honestos, os amigos, e também quais são os "outros"…! Basta assim fazer um registo individual!

O mesmo se passaria no secundário, e no ensino superior. Assim, ao acabar a Universidade cada aluno já tinha a sua "impressão comportamental, civilizacional e de competências" registada desde a Escola Primária.

Deste modo, a Sociedade Civilizada já teria os dados que necessita para saber se determinada pessoa pode contribuir para a governação de modo a fazer evoluir o País, ou se é um aldrabão a pretender ser chefe. Basta portanto que seja feito um registo honesto das competências e do carácter de cada aluno desde a escola primária e não só das suas classificações como é feito actualmente (e podia haver também um registo da actuação dos pais que tentaram que o professor defraudasse a situação real do filho, com uma classificação superior à que é devida ao filho, pois "filho de peixe sabe nadar", e já teríamos indícios de uma educação fraudulenta em casa).

A seguir o mesmo se passaria no "curriculum" profissional e depois basta utilizar esse registo para fazer funcionar a Aristodemocracia: um partido só escolherá e só apresentará para governar o País pessoas suficientemente inteligentes, competentes, honestas e interessadas em ajudar os outros!

O FUNCIONAMENTO DA ARISTODEMOCRACIA

A Aristodemocracia tem de estar alicerçada nas pedras fundamentais que são a honestidade e o altruísmo: um "aldrabão" e um egoísta têm de ser excluídos logo à partida! Tem de ser montado, assim, logo de início um sistema anti-fraude que esteja presente em todas as estruturas da organização social. Por assim dizer, desde o berço que o cidadão deste País evoluído, tem de respirar honestidade, vendo e sentindo que qualquer tentativa de fraude o coloca numa posição pior que se tivesse tido um comportamento honesto e com consequências nefastas para a sua vida. Em resumo, tem de ser perfeitamente clara e operacional a situação de que "o crime não compensa" realmente, mas sim a honestidade. Como exemplo, num País destes nem passa pela cabeça do aluno copiar para tirar uma boa nota, mas sabe desde o inicio que tem de estudar e saber a matéria, para este efeito. É absolutamente fundamental que trafulhas, corruptos, desumanos e "habilidosos" na mentira não possam chegar a lugares de chefia!

Depois, nas eleições, as pessoas que se propõem aos cargos de governação têm uma história transparente reveladora da sua competência para o cargo de governação a que se propõem, perfeitamente transparente para os restantes cidadãos que vão votar poderem votar conscientemente e bem informados quanto ao nível das pessoas que um partido apresenta para governar!

NÃO ADORMECER COM A ROTINA

A Aristodemocracia depois de implementada tem de ser cuidada. A mediocridade procura sempre novas formas de se pretender sobrepor à competência (devia era tornar-se competência para bem de todos, inclusivamente da própria mediocridade). Assim não se pode dormir na forma: o governo do País governado segundo a Aristodemocracia tem de zelar para que este regime continue em vigor ou seja que a mediocridade, os egoístas e os que vivem de aparências não assumam lugares de chefia. Por isso nunca se pode julgar que está tudo está assegurado automaticamente e desleixar o funcionamento da Aristodemocracia permitindo, por exemplo, que o filho do amigo ocupe um lugar para o qual não tem competência!

Por outro lado, o governo do País governado segundo Aristodemocracia tem de incentivar por todos os meios o desenvolvimento das qualidades próprias de cada pessoa, que são diferentes de pessoa para pessoa, mas todas úteis para os diferentes campos de actuação no País. *O fundamental não é querer ser ou mostrar-se melhor que os outros, <u>mas o ser honesto</u> e desenvolver as próprias capacidades sem estar a comparar com as dos outros, pondo-as depois ao serviço do bem comum!*

A ESPERANÇA NUNCA MORRE!

Como o(a) leitor(a) verifica, a implementação da Aristodemocracia é muito simples, perfeitamente executável e coloca o País num patamar de Civilização onde o género humano terá gosto de viver. Mas este regime não "cai do céu", e não aparecerá do dia para a noite! Mesmo que outros ao seu redor não consigam ver logo a sua utilidade, não desista, nem perca a Esperança. Vá tentando elucidar o mais possível as pessoas que passam pela sua vida e aos que conseguirem compreender peça-lhes que ajudem a Humanidade a evoluir falando deste sistema a outras pessoas. O processo assim se divulgará e abre uma porta de Esperança aos desiludidos com a Política mostrando-lhe um modo simples e que podem pôr em prática para que as pessoas cresçam em Civilização e que este regime seja rapidamente implementado por todo o mundo.

Como pode imaginar, quando este sistema da Aristodemocracia estiver implementado no mundo, não haverá pessoas a morrer de fome, nem anormais a gerar guerras! E cada pessoa olha as outras pessoas que lhe passam na vida, como pessoas amigas e terá alegria de viver!